MRICE

W9-AOT-224

GRANDES PERSONAJES EN LA HISTORIA DE LOS ESTADOS UNIDOS™

NAT LOVE

VAQUERO AFROAMERICANO

SARAH PENN

TRADUCCIÓN AL ESPAÑOL:
EIDA DE LA VEGA

The Rosen Publishing Group, Inc.

Editorial Buenas Letras™
New York

To Eric Rothschild

Published in 2004 by The Rosen Publishing Group, Inc.
29 East 21st Street, New York, NY 10010

Copyright © 2004 by The Rosen Publishing Group, Inc.

First Spanish Edition 2004
First English Edition 2004

Cataloging Data

Penn, Sarah.
[Nat Love: vaquero afroamericano]
Nat Love: vaquero afroamericano / Sarah Penn.
    p. cm. — (Grandes personajes en la historia de los Estados Unidos)
Summary: Surveys the life of Nat Love, African American cowboy, renowned for his riding, roping, and sharpshooting.
Includes bibliographical references (p.) and index.
ISBN 0-8239-4140-X
ISBN 0-8239-4234-1 (pbk.)
6-pack ISBN 0-8239-7608-4
1. Love, Nat, 1854-1921—Juvenile literature. 2. African American cowboys—West (U.S.)—Biography—Juvenile literature. 3. Cowboys—West (U.S.)—Biography—Juvenile literature. 4. West (U.S.)—Biography—Juvenile literature. [1. Love, Nat, 1854-1921. 2. Cowboys. 3. West (U.S.) 4. African Americans—Biography. 5. Spanish language materials.]
I. Title. II. Series: Primary sources of famous people in American history. Spanish.
F594.L892 P46 2003
978'.00496073'0092—dc21

Manufactured in the United States of America

Photo credits: cover, p. 5 © Bettmann/Corbis; p. 4 Library of Congress, Washington, DC/The Bridgeman Art Library; pp. 6, 25 Kansas State Historical Society; pp. 7, 15 (bottom) Library of Congress, Geography and Map Division; pp. 9, 13, 23, 26 © North Wind Picture Archives; p. 11 Western History Collection, University of Oklahoma; p. 12 Library of Congress, Prints and Photographs Division, HABS, ARIZ, 11-POST.V, 3-1; pp. 15 (top, NS-772), 17 (C-34), 18 (X-32050), 20 (X-33925) Denver Public Library, Western History Collection; p. 16 Phillips, Fine Art Auctioneers, New York/ The Bridgeman Art Library; p. 19 Courtesy of the Montana Historical Society, Gift of the Artist; pp. 21, 22, 27, 29 Rare Book, Manuscript, and Special Collections Library, Duke University.

Designer: Thomas Forget; Photo Researcher: Rebecca Anguin-Cohen

CONTENIDO

1 UN JOVEN SUEÑA CON VER EL MUNDO

Nat Love nació en 1854 en el condado de Davidson, Tennessee. Los miembros de su familia eran esclavos de una plantación de tabaco. Tenía una hermana, Sally, y un hermano, Jordan. La Guerra Civil acabó con la esclavitud en 1865. La familia de Nat era libre, pero no tenía dinero. El papá de Nat murió. Desde muy joven, Nat se encargó de su familia.

Los esclavos afroamericanos trabajaron las tierras de Norteamérica por más de 200 años. No les pagaban por su trabajo y trabajaban largas jornadas.

La esclavitud terminó en Estados Unidos en 1865. En busca de aventuras, Love se dirigió al Lejano Oeste.

La familia se dedicaba a la cosecha para ganar dinero. Mientras tanto, los pioneros viajaban hacia el oeste del río Mississippi, reclamando tierras donde no hubiera asentamientos. Muchos iban en busca de oro. El objetivo de Nat era ver el mundo. Imaginaba que el Oeste estaría lleno de emociones y aventuras. Pero Nat no iba a dejar a su familia hasta que pudieran valerse por sí mismos.

Después de la Guerra Civil (1861–1865), la gente empezó a mudarse al Oeste. Los llamaban pioneros. El gobierno les daba tierras gratis.

Algunos pioneros dejaron Tennessee.
Tennessee era tierra de colinas y
granjas. Nat ayudaba en la pequeña
granja familiar. Ahorraba dinero para
realizar su sueño de ir al Oeste.

De adolescente, Nat aprendió a domar caballos salvajes. Se convirtió en un excelente jinete. Un día, se ganó un caballo en un sorteo. Lo vendió por $100. Le dio la mitad del dinero a su madre y usó el resto para comenzar una vida nueva. El 10 de febrero de 1869, Nat se encaminó a Dodge City, Kansas.

ENTRENAR CABALLOS

"Desbravar" un caballo significa domarlo. Domar un caballo salvaje es un trabajo duro y peligroso. Un caballo confía en el vaquero que lo ha desbravado. Esta confianza les permite trabajar juntos.

El dibujo muestra a unos vaqueros domando un caballo salvaje. Nat aprendió solo a domar caballos.

2 LA VIDA DE UN VAQUERO

Nat Love tenía quince años cuando llegó a Dodge City. La ciudad era conocida por sus tabernas y sus casas de apuestas. Muchos vaqueros pasaban el tiempo allí mientras esperaban entre una y otra conducción de ganado. Las excelentes habilidades de Nat como jinete le permitieron conseguir un trabajo como vaquero. El Equipo Duval de Texas lo contrató. Le enseñaron a usar la pistola y el lazo.

¿SABÍAS QUE...?

En el Equipo Duval, Nat era conocido como *Red River Dick* (Dick Río Rojo).

Dodge City, Kansas, tenía fama de ser una ciudad violenta. Los vaqueros, con frecuencia, iban ahí para beber y pelearse. Nat vivió sus primeras aventuras en esta ciudad.

Conducir el ganado de un rancho a otro podía tomar varios meses. Los vaqueros y su ganado tenían que luchar contra terribles tormentas. Otros problemas eran las peleas con los indios, con los bandidos y las estampidas de búfalos. En 1872, Nat recibió una mejor oferta de trabajo de la Compañía Peter Gallinger. Nat se mudó al enorme rancho de la compañía en Gila River, Arizona.

Nat se mudó a Gila River, Arizona, en busca de un mejor trabajo. Nat pudo haber vivido en una casa como ésta, hecha de adobe, o ladrillos de barro.

La fila de ganado se podía extender por más de una milla. Una docena de vaqueros o más trabajaban arreando estos animales. Conduciendo el ganado de un rancho a otro, Nat aprendió a vivir al aire libre.

3 UNA COMPETICIÓN EN DAKOTA DEL SUR

En una conducción de ganado, Love viajó de Texas a Deadwood, Dakota del Sur. El 3 de Julio de 1876 los vaqueros entregaron casi 3,000 novillos allí. En los días siguientes, Love entró a una competición de vaqueros. Cada vaquero tenía que enlazar, atar, embridar, ensillar y montar un caballo salvaje. Love lo logró en tiempo récord: nueve minutos. Se ganó $200.

CONDUCIR GANADO

En los ranchos se criaba ganado vacuno y otros tipos de animales. Los vendían a otros ranchos. La conducción de ganado fue una de las primeras formas de transportar animales de un rancho a otro.

La foto superior muestra una escena del espectáculo del Lejano Oeste de Buffalo Bill. Se representaba en las ciudades para mostrar a la gente cómo trabajaban los vaqueros. Nat llevaba al ganado a ranchos en Dakota del Sur *(mapa)*.

La próxima competición fue de tiro. Love había aprendido a disparar muy bien con la pistola. Entró en la competición y ganó más dinero. Las dianas se encontraban a corta distancia. Quien lograra colocar más tiros en el centro de la diana era el ganador. Love atinó catorce tiros en el centro. Se ganó el título de *Deadwood Dick*.

La gente del este de Estados Unidos oía hablar de los vaqueros. El vaquero se convirtió en una especie de héroe. Los artistas comenzaron a mostrar vaqueros en sus obras.

Jan 2
1882

Las pistolas eran herramientas de uso diario en el Lejano Oeste. Un buen tirador era capaz de atinar la mayor parte de las balas en el el centro de la diana. Nat era muy buen tirador.

4 PROBLEMAS CON LOS INDIOS

A finales de 1876, Love estaba solo, buscando un ganado perdido en la pradera. Un grupo de indios lo atacó. Le dispararon a él y a su caballo. Cuando Love despertó se encontraba en una campamento indio. Decidieron hacerlo miembro de la tribu. Los indios pensaban que un hombre valiente y fuerte les sería útil.

Los indios de las llanuras vivían en campamentos pequeños. Viajaban mucho. Seguían a las manadas de búfalos para obtener alimento.

Los indios no veían hombres negros con mucha frecuencia. Pensaban que los negros eran hombres blancos disfrazados. Esta escena muestra a los indios tratando de quitarle la "pintura" a un vaquero negro capturado.

Los indios curaron las heridas de Love. Él se conformó durante un tiempo, pues sabía que para escapar tenía que ganarse su confianza. Un anoche se quedó despierto mientras los indios dormían. En silencio, robó uno de los mejores caballos y escapó. Love volvió a la Compañía Gallinger, en Arizona.

A fines del siglo XIX, las ciudades del Oeste eran una amalgama de nacionalidades. Gente de todas las etnias convivían codo con codo.

Nat Love podía montar cualquier tipo de caballo. Cabalgó sin silla cuando escapó de los indios.

Los vaqueros estaban sorprendidos y contentos de ver a Nat otra vez. Lo habían dado por muerto. Love comenzó a trabajar de nuevo.

Los vaqueros tenían la reputación de ser violentos. Una noche, estaban en Fort Dodge. Love y otros vaqueros se divertían. Love decidió enlazar un cañón y llevarlo al campamento.

Nat hizo un dibujo de cuando trató de enlazar un cañón para de llevarlo al campamento. A los vaqueros les encantaban bromas como ésta. Nat enlazó el cañón como si fuera un ternero.

Los caballos son animales fuertes. Los vaqueros usaban caballos en casi todos los trabajos. Un caballo resultaba útil para traer a una vaca de regreso al rebaño.

La idea de Love era usar el cañón para luchar contra los indios. Enlazó el cañón y usó un caballo para tirar de él. Pronto se dio cuenta de que el cañón era demasiado pesado para arrastrarlo. Love fue arrestado. Pero el sheriff, Bat Masterson, sabía que los vaqueros no eran malas personas, y dejó a Nat Love en libertad.

¿SABÍAS QUE...?

Bat Masterson fue un famoso vaquero y cazador de búfalos. A los 22 años, se convirtió en sheriff del condado de Ford, en Kansas. Fort Dodge está en ese condado.

Bat Masterson sabía cómo eran los vaqueros. Sabía que la mayoría eran tipos buenos. Casi siempre pasaba por alto sus bromas.

5 EL NUEVO OESTE

Love se mudó a Denver, Colorado, donde se enamoró de una mujer llamada Alice. Nat y Alice se casaron el 22 de agosto de 1889.

Para 1890, las ciudades y las fábricas comenzaron a expandirse en el Oeste. Los trenes se encargaban de transportar el ganado a través del país, un método más rápido, seguro y barato que conducir el ganado a caballo. Love se retiró de su vida de vaquero.

Denver, Colorado, era una ciudad muy concurrida en 1889. Antes había sido un pueblo ganadero. Para 1890, las fábricas habían atraído a la gente de las granjas para trabajar en la ciudad.

Nat Love trabajó 20 años como vaquero. En 1890, Nat tenía que pensar más en su familia. Abandonó el campo y buscó un trabajo en la ciudad.

Love necesitaba un trabajo para mantener a su familia. Se convirtió en maletero para la compañía de ferrocarriles Pullman en Denver y Rio Grande. Antes de morir, Love escribió un libro contando sus aventuras.

La vida y aventuras de Nat Love fue publicado en 1907. Muchas personas creen que las historias de vaqueros están llenas de exageraciones. Nat Love murió en 1925.

NAT, EL NARRADOR

A veces Nat exageraba la historia de su vida para hacerla más excitante.

THE LIFE AND ADVENTURES
OF NAT LOVE
BETTER KNOWN
IN THE CATTLE COUNTRY AS
DEAD WOOD DICK
BY HIMSELF

Nat Love escribió la historia de su vida mientras trabajaba como maletero en los trenes. Quería compartir sus aventuras con el público. Su libro ayudó a dar a conocer la vida de los vaqueros en el Oeste de Estados Unidos.

CRONOLOGÍA

1854—Nat Love nace esclavo en el condado de Davidson, Tennessee.

1861-1865—Se libra la Guerra Civil.

1865-1869—Nat Love y su familia ya no son esclavos. Se ganan la vida solos.

1869—Nat va a Dodge City, Kansas. Se convierte en vaquero, como parte del Equipo Duval. Se muda a Texas, donde tienen un rancho.

1872—Nat se convierte en vaquero en la Compañía Pete Gallinger. Se muda a su rancho al sur de Arizona.

1876—Nat se gana el título de *Deadwood Dick.*

1877—Nat trata de enlazar un cañón en Dodge City, Kansas.

1889—Nat se casa con Alice

1890—Nat termina su carrera de vaquero y se convierte en maletero en la compañía de ferrocarriles Pullman.

1907—Se publica *La vida y aventuras de Nat Love.*

1925—Nat Love muere.

GLOSARIO

cañón (el) Un arma pesada que dispara grandes balas de metal.

esclavitud (la) Cuando alguien es considerado propiedad de otra persona.

estampida (la) Cuando la gente o los animales empiezan a correr súbitamente en una dirección, usualmente porque están asustados.

lazo (el) Una cuerda que se usa para atrapar animales.

novillo (el) Un macho joven del ganado vacuno, criado especialmente por su carne.

pioneros (los) Una de las primeras personas en trabajar en un área hasta antes desploblada.

plantación (la) Una finca grande que se encuentra en climas cálidos, donde se cultivan cosechas como tabaco, café, té y algodón.

SITIOS WEB

Debido a las constantes modificaciones en los sitios de Internet, Rosen Publishing Group, Inc., ha desarrollado un listado de sitios Web relacionados con el tema de este libro. Este sitio se actualiza con regularidad. Por favor, usa este enlace para acceder a la lista:

http://www.rosenlinks.com/fpah/nlo

LISTA DE FUENTES PRIMARIAS DE IMÁGENES

Página 4: Grabado de Edwin Austin Abbey titulado *Cubriendo la simiente*, aparecido en *Harper's Weekly*, el 24 de abril de 1875.

Página 6: Ilustración titulada *Furgón de transporte cubierto*, que apareció en *Harper's Weekly*, en septiembre de 1862.

Página 7: Grabado de 1862 de un mapa de Tennessee, de J. T. Lloyd. Actualmente se encuentra en la Biblioteca del Congreso, en Washington DC.

Página 11: Foto de finales del siglo XIX de Dodge City, Kansas, tomada por John R. Lovett. Actualmente se encuentra en la Universidad de Oklahoma, Norman, OK.

Página 12: Fotografía de 1938 de una granja en Gila River, Arizona, tomada por Frederick A. Eastman. Actualmente se encuentra en la Biblioteca del Congreso, en Washington DC.

Página 15: *(arriba)* Fotografía de un vaquero montando un caballo que corcovea, en el espectáculo del Lejano Oeste de Buffalo Bill, alrededor de 1901. Actualmente se encuentra en la Biblioteca Pública de Denver, CO.

Página 16: Escultura de bronce de 1889 titulada *The Bronco Buster*, de Frederic Remington. Actualmente se encuentra en una colección privada.

Página 18: Fotografía de un campamento nativoamericano de los indios de las llanuras, alrededor de 1880. Actualmente se encuentra en la Biblioteca Pública de Denver, CO.

Página 19: Pintura titulada *Gran medicina* de Charles M. Russell. Actualmente se encuentra en la Sociedad Histórica de Montana, Helena, MT.

Página 20: Fotografía de Hartwell & Hamaker, de una escena en Phoenix, Arizona, alrededor de 1899. Actualmente se encuentra en la Biblioteca Pública de Denver, CO.

Página 21: Fotografía de una ilustración de Nat Love titulada *A punto de desbravar un caballo o de romperme el cuello*, que aparece en su autobiografía La vida y aventuras de Nat Love, 1907. Actualmente se encuentra en la Universidad de Carolina del Norte, Chapel Hill, NC.

Página 22: Fotografía de una ilustración de Nat Love titulada *Enlacé uno de los cañones del Tío Sam*. Fort Dodge, Ks., que aparece en su autobiografía *La vida y aventuras de Nat Love*, 1907. Actualmente se encuentra en la Universidad de Carolina del Norte, Chapel Hill, NC.

Página 23: Grabado coloreado a mano de una ilustración de Frederic Remington.

Página 26: Ilustración de Denver, Colorado, calle de la ciudad, alrededor de 1880.

Página 27: Fotografía de Nat Love y su familia, alrededor de 1907, que aparece en su autobiografía *La vida y aventuras de Nat Love*, 1907. Actualmente se encuentra en la Universidad de Carolina del Norte, Chapel Hill, NC.

Página 29: *(izquierda)* Fotografía de la ilustración de la cubierta hecha por Nat Love para su autobiografía *La vida y aventuras de Nat Love*, 1907. Actualmente se encuentra en la Universidad de Carolina del Norte, Chapel Hill, NC.

Página 29: *(derecha)* Fotografía de Nat Love titulada *El fin de mi carrera en los ferrocarriles*, que aparece en su autobiografía *La vida y aventuras de Nat Love*, 1907. Actualmente se encuentra en la Universidad de Carolina del Norte, Chapel Hill, NC.

ÍNDICE

ACERCA DEL AUTOR

Sarah Penn escribe libros para niños y diseña edredones. Sarah vive con su esposo, sus dos hijos y cuatro gatos en Providence, Rhode Island.